Clarissa Ray

Farb-
meditationen

Clarissa Ray

Farb-
meditationen

mvg verlag

Die Deutsche Bibliothek – CIP-Einheitsaufnahme

Ray, Clarissa:
Farbmeditationen / Clarissa Ray. – München ; Landsberg am
Lech : mvg-verl., 1994
  (mvg-Paperbacks ; 495)
  ISBN 3-478-08495-4
NE: GT

Das Papier dieses Taschenbuchs wird möglichst umweltschonend hergestellt
und enthält keine optischen Aufheller.

Umschlaggestaltung: Gruber & König, Augsburg
Satz: Fotosatz H. Buck, 84036 Kumhausen
Druck- und Bindearbeiten: Presse-Druck Augsburg
Printed in Germany 080 495/794602
ISBN 3-478-08495-4

Inhalt

Teil III:
Farbmeditationen mit dem Spektrum des
Regenbogens 79

1. Meditation und Farben

Farben spielen in unserem alltäglichen Leben eine sehr wichtige Rolle, da sie uns mit Lichtenergien versorgen. Man könnte Farben als Manifestation und Konkretisierung von Licht in mehr oder weniger verdichteter Form bezeichnen. Jede Farbe verfügt über bestimmte unterschiedliche Eigenschaften und schenkt denjenigen Zellen und Atomen des Körpers Nahrung, die zu ihr in Entsprechung stehen. Die Form oder Materie ist gleichzeitig selbst auch Farbenergie und Farbschwingung.

Die Farben, für die Sie sich mittels der hier vorgeschlagenen Meditationsübungen öffnen werden, entfalten auf natürliche Weise dort ihre Wirkung, wo sie gebraucht werden. Außerdem sind sie mit der notwendigen Intensität so lange wirksam, wie sie erforderlich sind.

Das Licht und die Farben, die der Mensch aufnimmt, strahlt er über seine Aura wieder zurück. Diese Aura, die den Menschen als feinstoffliche Ausstrahlung umgibt, setzt sich aus mehr oder weniger leuchtenden und harmonischen Farben zusammen, was von der geistigen Öffnung, der Reinheit und den seelischen Qualitäten der betreffenden Person abhängig ist. Bei entsprechender innerer Reife können diese Farben einen hohen Schwingungsgrad haben und von wunderbarer Schönheit sein.

Eine harmonische Aura zeigt die Farbtöne in der natürlichen Ordnung des Regenbogens. Durch unsere wechselnden Gedanken und Emotionen sind sie jedoch der Veränderung unterworfen. Es ist sehr schwierig, willentlich und bewußt auf festsitzende Gewohnheitsmuster einzuwirken, da die tieferen Ursachen für eine solche Konditionierung zumeist im Unbewußten liegen. Fehlende oder weiterzuentwickelnde Qualitäten können jedoch beispielsweise durch die Arbeit mit Farben gestärkt werden. Die Veränderungen, die sich damit erreichen lassen, gehen vom spirituellen zum mentalen und über den emotionalen bis schließlich hin zum physischen Körper. Die Heilung auf der spirituellen oder geistigen Ebene kann oftmals helfen, die Manifestation einer Krankheit auf der physischen Ebene zu verhindern.

Farben sind ein hervorragendes Mittel, um ein größeres Verständnis von sich selbst und anderen zu gewinnen, da sie die intuitive innere Wesensnatur des Menschen erwecken. Aus Selbsterkenntnis erwächst auch die Erkenntnis des Einsseins aller Dinge und das Gefühl für Harmonie mit den Gesetzmäßigkeiten des Universums. Durch die Konzentration auf Farben kann der für gewöhnlich unruhige Geist als Vorbereitung auf die Meditation zur Ruhe kommen, und vor allem können Farben auch selbst als Hilfsmittel für die aktiv gelenkte Meditation dienen.

Die hier vorgestellten Farbmeditationen lassen sich in zwei große Gruppen unterteilen:

Die *Meditationen zur Heilung* sind darauf gerichtet, Ihnen als Hilfsmittel zu dienen, Ihre Gesundheit zu erhalten oder wiederherzustellen. Sie wirken vor allem auf den physischen Körper und therapeutisch auf bestimmte Symptome und Störungen.

Die *Meditationen zur Harmonisierung* sind auf die Arbeit mit der Sie umgebenden Atmosphäre sowie mit Ihrer geistigen, psychologischen und emotionalen Verfassung gerichtet.

Abschließend werden einige Übungen vorgestellt, die mit dem gesamten Spektrum des Regenbogens arbeiten, auf alle Chakren (feinstofflichen Energiezentren) einwirken und der ganzheitlichen Entwicklung Ihrer Persönlichkeit dienen. Dazu gehören auch Übungen mit den Heilkräften von Edelsteinen und meditatives Malen von Mandalas.

Wenn Sie die Eigenschaften der Farben ganz in sich aufnehmen, harmonisieren Sie Ihre Aura, stellen über die Lichtenergien eine Verbindung zu Ihrem höheren Selbst her und vereinigen den sichtbaren mit dem unsichtbaren Menschen. Darauf weist übrigens auch der Begriff ,,Erleuchtung'' hin, der das Erlangen einer höheren Bewußtseinsstufe in der kosmischen Evolution umschreibt.

2. Die aktiv gelenkte Meditation

Will man „Sinn und Zweck" von Meditation knapp in Worte fassen, könnte man dies in der folgenden Weise versuchen:

Meditation wirkt unterstützend dabei, daß wir uns von Streß und äußeren Störungen lösen und wieder zu uns selbst kommen können. Sie schafft die Basis dafür, mit der Ruhe in der Tiefe unseres Wesens in Verbindung zu treten. Der meditative Zustand entsteht als Folge aus einer gewissen Konzentration und einer gleichzeitig entspannten Geisteshaltung.

Allgemein ist zu unterscheiden zwischen einer mehr passiven und einer aktiven Form von Meditation. Die passive Form ist gekennzeichnet durch eine gewisse Absichtslosigkeit. Sie soll uns ermöglichen, einen Blick auf den eigenen Geist im Zustand der Ruhe zu werfen und bei einer Farbmeditation beispielsweise Farben von innen heraus entstehen zu lassen. Die aktiv gelenkte Meditation, die in diesem Buch vor allem präsentiert wird, arbeitet mit Ihren Vorstellungs- und Visualisierungsfähigkeiten und richtet Ihre Aufmerksamkeit auf bestimmte, mehr oder weniger fest umrissene Bereiche.

Bei dieser Form von Meditation können Sie sich folgende „Ziele" setzen:

Sie haben den Wunsch, an Ihren Schwächen zu arbeiten und innere Kraft zu bekommen, um mehr Energie und Liebe ausstrahlen zu können.

Auf Fragen, die Sie sich selbst stellen, können Sie im Verlauf der Meditation durch Ihre innere Erfahrung

Antworten erhalten; diese können Ihnen entweder langsam aufdämmern oder aber auch blitzartig kommen.

Mit Ihrem ganzen Wesen und von innen heraus können Sie zu Einsichten gelangen und/oder Entscheidungen treffen, zu denen Ihnen ein rein verstandesmäßiger Zugang nicht möglich wäre.

Meditation führt zu einem Zustand des entspannten Nachdenkens und Überlegens, das nicht aus unserem rationalen Denken hervorgeht und einen tiefen Einblick in das geben kann, was in uns und um uns herum vor sich geht. Durch Meditation können Sie sich von der Illusion durch die Sinne befreien und Kontakt zu Ihrem wahren Selbst aufnehmen. Eine wesentliche Funktion der Meditation besteht auch darin, daß sie es uns ermöglicht, unseren seelischen Qualitäten Ausdruck zu verleihen.

Lassen Sie sich keinesfalls entmutigen, wenn Ihre ersten Versuche mit Meditation Ihnen alles andere als befriedigend erscheinen. Die Tiefe der von Ihnen erlebten Erfahrungen wird allmählich zunehmen, und das auf diesem Weg Erworbene wird Ihnen für immer bleiben.

3. Allgemeine praktische Meditationsanleitung

Vor allem am Anfang ist es wichtig, die Farbmeditationen unter möglichst optimalen Bedingungen zu üben. Mit zunehmender Praxis werden Sie wahrscheinlich immer weniger von äußeren Umständen abhängig sein.

Wählen Sie einen ruhigen Ort, an dem Sie nicht gestört werden. Um den Raum entsprechend einzustimmen, können Sie eine Kerze anzünden oder auch Räucherwerk verbrennen.

Zur Unterstützung können Sie eine leise, beruhigende Musik wählen, die eine entspannende Wirkung auf Sie hat. Sie können auch die Textfolge der gewählten Meditation auf eine Cassette sprechen; dies mag zumindest am Anfang sehr hilfreich sein. Natürlich können Sie auch in völliger Stille meditieren.

Bevor Sie mit der Meditation auf eine bestimmte Farbe beginnen, können Sie, falls Ihnen dies notwendig erscheint, ein visuelles Hilfsmittel verwenden, damit Sie sich genau in diejenige Farbschwingung hineinversetzen können, mit der Sie arbeiten möchten.

Nehmen Sie eine bequeme sitzende Position ein, die Sie lange beibehalten können.

Legen Sie Ihre Hände entspannt auf Ihre Oberschenkel. Die Handflächen sind geöffnet und nach oben gerichtet, damit sie Energie aufnehmen können.

Vor jeder therapeutischen Meditation sollte die Verbindung mit dem weißen Licht hergestellt werden, das in sich alle Farben enthält. Dadurch wird ein Zustand der Entspannung und größerer Empfänglichkeit herbeigeführt.

Schließen Sie die Augen, und atmen Sie tief und bewußt ein und aus. Damit können Sie sich von Spannungen in Körper und Geist befreien. Atmen Sie langsam ein, und lassen Sie sich dabei von der feinstofflichen Energie durchdringen, die in der Atmosphäre um Sie herum enthalten ist. Halten Sie den Atem an, ohne daß Sie dies als Druck empfinden, und spüren Sie, wie die Luft oder Prana, der Lebensatem, sämtliche Zellen Ihres Körpers belebt und reinigt. Lenken Sie, wenn Sie wieder ausatmen, alle Spannungen, alle Sorgen und Ängste, alle sich negativ und begrenzend auf Sie auswirkenden Dinge oder Gefühle aus Ihrem Körper – wie in die reinigende Flamme einer Kerze.

Atmen Sie nun wieder langsam ein und stellen Sie sich ein großes weißes Licht vor, das die Form einer Kugel annimmt. Halten Sie wieder leicht den Atem an, und spüren Sie, wie dieses Licht in Sie eindringt. Es reinigt Sie, es belebt Sie, und sämtliche Zellen Ihres Körpers werden von Licht und Energie erfüllt. Atmen Sie langsam weiter, und empfinden Sie nach, wie dieses Licht Ihre Zellen von Leben pulsieren läßt.

Lassen Sie diese Lichtkugel nun langsam Ihren Kopf erreichen und spüren Sie, daß sie Ihr Gesicht wie von innen erleuchtet. Dann gelangt sie zu Ihrem Nacken und wirkt entspannend auf Ihre Nervenstränge und Muskeln. Sie erreicht Ihre Schultern, Ihr Herz, den Magen, die Leber, alle Organe bis hin zur Blase und zu den Sexualorganen.

Visualisieren Sie jetzt zwei leuchtende Kugeln, die sich hinab zu Ihren Beinen bewegen, Ihre Oberschenkel entspannen – und dann weiter Ihre Knie – Ihre Waden – Ihre Fußknöchel – bis diese Energie schließlich in Ihre Füße dringt und diese zu zwei kleinen Sonnen werden läßt. Atmen Sie dabei immer langsam und gleichmäßig weiter.

Lassen Sie das Licht dann Ihre Beine wieder hochsteigen und Ihre Wirbelsäule ausfüllen, einen Wirbel nach dem anderen, und spüren Sie, wie dabei jede Spannung, jeder Schmerz von Ihnen genommen wird.

Schließlich teilt sich dieses Licht erneut in zwei Kugeln und fließt in Ihre beiden Arme hinab. Es reinigt Ihre Ellbogen – Ihre Unterarme – Ihre Handgelenke – Ihre Finger. Spüren Sie, wie dieses Licht Ihre Handflächen zu zwei kleinen Sonnen werden läßt.

Durch diese Licht-Energie wird Ihre Aura in Harmonie gebracht. Sie sind jetzt offen und empfänglich für die sich anschließende Meditation. Vertrauen Sie sich den kosmischen Energien an und lassen Sie die Meditation sich entwickeln, ohne etwas erzwingen zu wollen.

Danken Sie am Ende Ihrer Übung für die Erfahrung, die Sie gemacht haben, und geben Sie die daraus entstandenen positiven Wirkungen an eine andere Person oder an alle Menschen, an einen bestimmten Ort oder an den gesamten Kosmos weiter.

Kehren Sie langsam und allmählich zu Ihren Alltagsaktivitäten zurück, und lassen Sie Ihre innere Erfahrung noch möglichst lange in sich nachschwingen.

Teil I:
Farbmeditationen zur Heilung
bei körperlichen Symptomen
und Störungen

Der Übungsanleitung für eine Farbmeditation ist jeweils eine kurze Beschreibung der betreffenden Farbe mit ihren heilenden Eigenschaften sowie ein Überblick über ihre praktischen Anwendungsmöglichkeiten vorangestellt, die Ihnen die Farbwahl erleichtern sollen.

Kapitel 1:
Die Farbe Rot

Rot ist eine wichtige Heilfarbe, die für Leben und Lebenskraft steht. Die symbolischen Begriffe ,,Feuer'' und ,,Blut'' können als Schlüssel für ihre heilenden Wirkungen herangezogen werden. Als Ausdruck der Libido-Energie stärkt Rot den Überlebenswillen, das Hingegebensein an das Leben und das Akzeptieren des Körpers. Durch seine energetisch stimulierenden Eigenschaften ist es hervorragend zur Behandlung von Krankheiten geeignet, die häufig aus allgemeiner körperlicher Schwäche und Erschöpfung hervorgehen.

Wann ist die Farbe Rot zu wählen?

Korrespondierende Organe:

- Herz
- Blut (Arterien und Venen)
- Leber
- Nieren
- Rektum

Rot als Heilfarbe:

- Es wirkt anregend auf den Blutkreislauf;
- bildet Hämoglobin und bekämpft damit Anämie;
- setzt Wärme frei;
- regt die Tätigkeit von Leber und Nieren an;
- wirkt bei Muskelverspannung und Stauungszuständen;
- hilft bei unregelmäßiger oder zu schwacher Menstruation und regt die sexuelle Aktivität an.

Besonderer Hinweis:

Bei Anwendung der starken Heilenergien von Rot dürfen keine Fieber- und Entzündungszustände vorliegen. Auch kann eine zu lange Arbeit mit Rot möglicherweise gerade die gegenteilige Wirkung hervorrufen und zu nervlicher Überreizung und Erschöpfung führen, wenn der Reiz zu groß wird.

Heilmeditation mit Rot

,,Sich anregen und wieder-beleben lassen"

Stimmen Sie sich, wie in der allgemeinen Einführung beschrieben, in die Meditation ein, bis Sie sich ruhig und entspannt fühlen. Wenden Sie dann Ihre Aufmerksamkeit auf die Farbe Rot, und visualisieren Sie eine kräftige Nuance, etwa in der Färbung eines tiefroten Rubins.

Stellen Sie sich nun vor, wie sich diese Farbenergie in Form eines weichen Teppichs unter Ihren Füßen ausbreitet und alles um Sie herum mit ihrem Leuchten erfüllt. Wenn Sie dies in sich zu spüren beginnen, so atmen Sie tief ein, und lassen Sie mit Ihrem Atem die rote Farbe durch die Fußsohlen in Ihren Körper eintreten.

Langsam steigt sie Ihre Beine hoch – spüren Sie, wie Sie davon erwärmt und belebt werden. Wenn diese Energie Ihre Knie und Oberschenkel hochsteigt, nehmen Sie die angenehme Empfindung einer Dynamik wahr: Ihre Beine sind nun so mit Leben erfüllt, daß sie Sie zu jedem gewünschten Ziel tragen könnten.

Atmen Sie nun wieder tief ein und spüren Sie, wie die rote Farbe in Ihren Unterleib strömt und Ihre Sexualorgane belebt und stärkt. Sie breitet sich dann in Ihren Nieren aus, die sie reinigt und anregt. Von dort aus fließt sie weiter, erwärmt Ihre Verdauungsorgane und erfüllt vor allem die Leber mit neuer Lebenskraft.

Spüren Sie nun, wie das rote Licht in Ihren Oberkörper hochsteigt und sich auf der Höhe des Herzens mit Ihrem Blut vermischt, dieses auf seinem Weg durch die Adern begleitet und den ganzen Kreislauf dynamisch auflädt.

Die lebendige Kraft der Farbe Rot hat sich nun überall in Ihrem Körper ausgebreitet. Sie fühlen sich leichter und gleichzeitig stärker, aktiv und verjüngt. Ihr ganzer Körper strahlt nun diese Schwingung aus: Verweilen Sie noch einige Minuten in Harmonie mit ihr.

Lauschen Sie in sich hinein, und versuchen Sie herauszufinden, welchen Stellen in Ihrem Körper es noch an Energie fehlt. Lenken Sie die warme rote Farbe zu diesen hin. Merken Sie, wie Sie sich nach und nach auch an diesen Stellen voller Wärme und neuer Kraft fühlen.

Danken Sie zuerst den wohltuenden Eigenschaften der Farbe Rot, und danken Sie dann der inneren Quelle, die Ihnen diese Erfahrung geschenkt hat.

Wenn Sie das Gefühl haben, daß der richtige Zeitpunkt dafür gekommen ist, kehren Sie langsam in Ihren gewöhnlichen Bewußtseinszustand zurück. Nehmen Sie wieder bewußten Kontakt mit Ihrer Atmung, mit Ihrem Umfeld auf. Spüren Sie die Harmonie, in der Sie sich mit sich selbst und mit Ihrer Umgebung befinden.

Wenn Sie sich fortan die Energie und Wärme der Farbe Rot regelmäßig ins Gedächtnis rufen, wird sie weiterhin in Ihnen wirksam bleiben.

Kapitel 2:
Die Farbe Orange

Orange ist einen Schritt entfernt von der Ur-Energie Rot, die es mit der Lichtfarbe Gelb mischt. Man könnte sagen, Orange steht für die Energie von Feuer in seinen Grenzen, obwohl es gleichzeitig auch von Hemmungen und selbstgesetzten Begrenzungen befreien kann. In ausgewogener Anwendung kann Orange die bisweilen zu starke Wirkung von Rot mildern und oft bedenkenloser als dieses eingesetzt werden.

Wann ist die Farbe Orange zu wählen?

Korrespondierende Organe:

- Milz
- Bauchspeicheldrüse
- Dünndarm
- Atmungsorgane

Orange als Heilfarbe:

- Es wirkt allgemein erhaltend auf die Vitalität;
- sorgt für die energetische Unterstützung von Milz und Bauchspeicheldrüse;
- stärkt die Atmungsorgane (Asthma!).

Für Asthma als Ausdruck von Enge-Angst, von negativem Denken und Resignation ist rhythmische Atmung mit gleichzeitiger Visualisierung von Orange sehr gut geeignet.

Heilmeditation mit Orange

„Loslassen und sich befreien lernen"

Lenken Sie nach der einleitenden Meditation Ihre Aufmerksamkeit auf die Farbe Orange. Visualisieren Sie die Farbe eines Karneols in Form einer Sonne, die unter Ihren Füßen aus der Erde emporsteigt.

Ihr orangefarbenes Licht tritt durch die Fußsohlen in Ihren Körper ein. Während es Ihre Knöchel, Ihre Waden, Ihre Knie, Ihre Oberschenkel hochsteigt, nehmen Sie ein Gefühl von Leichtigkeit in Ihren Beinen wahr.

Die orangefarbenen Sonnenstrahlen breiten sich nun aus in Ihr Becken und in Ihren Bauch. Spüren Sie, wie sie die einzelnen Organe ausfüllen und reinigen. Durch ihre Einwirkung werden die darin fließenden Energien harmonisiert.

Spüren Sie dann, wie diese Sonne in die Mitte Ihres Oberkörpers aufsteigt. Ihre Strahlen gelangen sternförmig in Ihre Lungen und lassen diese regenerieren, so daß Ihre Atmung weit und tief wird. Das orangefarbene Licht strömt durch Ihren ganzen Körper, so daß sich jeder seiner Teile auf angenehme Weise entspannen kann.

Die orangefarbene Schwingung verläßt nun die Grenzen Ihres physischen Körpers und gelangt in die feinstoffliche Aura, die Ihren Körper umgibt. Spüren Sie, wie Ihre Aura dadurch geklärt und von Licht erfüllt wird. Ihr physischer und Ihr feinstofflicher Körper finden ihre Harmonie und ihr Gleichgewicht wieder.

Verweilen Sie noch einige Augenblicke im Einklang mit dieser Schwingung, und horchen Sie in sich hinein, welche Stellen Ihres Körpers harmonisiert werden müssen. Lassen Sie die Farbe Orange dorthin strömen und spüren Sie, wie angenehm und entspannt Sie sich jetzt fühlen.

Danken Sie zuerst den wohltuenden Eigenschaften der Farbe Orange, und danken Sie dann der inneren Quelle, die Ihnen diese Erfahrung geschenkt hat.

Wenn Sie das Gefühl haben, daß der richtige Zeitpunkt dafür gekommen ist, kehren Sie langsam in Ihren gewöhnlichen Bewußtseinszustand zurück. Nehmen Sie wieder bewußten Kontakt mit Ihrer Atmung, mit Ihrem Umfeld auf. Spüren Sie die Harmonie, in der Sie sich mit sich selbst und mit Ihrer Umgebung befinden.

Wenn Sie sich fortan die lösende und befreiende Energie der Farbe Orange regelmäßig ins Gedächtnis rufen, wird sie weiterhin in Ihnen wirksam bleiben.

Kapitel 3:
Die Farbe Gelb

Gelb ist die Farbe der Sonne: Es steht symbolisch für ihr Licht, ihre Wärme und lebensspendende Kraft. Der Sonne vergleichbar, schenkt es dem Menschen seine stärkende Energie, doch ist diese im Vergleich zu Rot niemals erregend, sondern anregend. Es steht in Verbindung mit unserem Sonnengeflecht, dem Solarplexus, und von daher mit unserem Nervensystem.

Wann ist die Farbe Gelb zu wählen?

Korrespondierende Organe:

- Nerven
- Gehirn
- lymphatisches System
- Gallenblase
- Magen
- Zwölffingerdarm

Gelb als Heilfarbe:

- Es hat eine anregende Wirkung auf den Intellekt und − über die Nerven − auf die allgemeine Beweglichkeit;
- wirkt reinigend auf die Verdauungsorgane, besonders auf die Leber und auf die Haut;
- führt Gallenflüssigkeit ab;
- baut die Ressourcen an Mineralstoffen wieder auf und hat eine säurehemmende Wirkung im Körper.

Heilmeditation mit Gelb

„Sich reinigen lassen"

Lenken Sie, nachdem Sie sich auf die Meditation eingestimmt haben, Ihre Aufmerksamkeit auf die Farbe Gelb, und visualisieren Sie das helle Tageslicht um die Mittagszeit.

Lassen Sie seine Wärme lebendig vor sich entstehen, und ziehen Sie es mit einer tiefen Einatmung zu sich heran. Es tritt durch die Fußsohlen in Ihren Körper ein und bewegt sich über Ihre Fersen und Ihre Waden nach oben. Alles Dunkle löst sich im leuchtenden Strom dieser gelben Farbe auf.

Sie steigt die Beine hoch bis zu Ihrem Becken, dehnt sich in Ihrem Bauch und in all Ihren inneren Organen aus. Keine Ablagerung kann dieser gelben Lichtenergie widerstehen, sie dringt selbst in die kleinsten Falten und reinigt alles.

Dann erreicht das Gelb auch Ihre Leber und befreit Sie von den dort angesammelten Giftstoffen. Über den Magen gelangt das reinigende gelbe Licht in Ihren Oberkörper, und zwar nach hinten in Ihre Wirbelsäule, von wo es in Ihr Gehirn aufsteigt. Dort wird eine Empfindung von belebender Frische erzeugt, und Ihr gesamtes Nervensystem erfährt eine Anregung.

Die lichte Energie durchdringt nun nach und nach Ihren ganzen Körper. Sie fühlen sich gereinigt, entspannt, dynamisch aufgeladen, leicht und gleichzeitig stark, denn diesem hellen Licht kann nichts Dunkles widerstehen.

Verweilen Sie nun einige Augenblicke in Harmonie mit dieser gelben Schwingung, und lauschen Sie darauf, welche Stellen in Ihrem Körper noch weiter gereinigt werden müssen. Senden Sie die gelbe Farbe dorthin, und danken Sie zunächst ihren wohltuenden Eigenschaften und dann der inneren Quelle für diese Erfahrung.

Kehren Sie dann langsam in Ihren gewöhnlichen Bewußtseinszustand zurück. Nehmen Sie wieder bewußten Kontakt mit Ihrer Atmung, mit Ihrem Umfeld auf. Spüren Sie die Harmonie, in der Sie sich mit sich selbst und mit Ihrer Umgebung befinden.

Wenn Sie sich fortan die reinigende Energie der Farbe Gelb regelmäßig ins Gedächtnis rufen, wird sie weiterhin in Ihnen wirksam bleiben.

Kapitel 4:
Die Farbe Grün

Grün ist die Farbe der Natur und des Wachstums, Sinnbild für die zyklische Erneuerung von Mensch und Welt durch Tod und Wiedergeburt. Grün ist daher eine sehr gute Farbe für die Regeneration. Da es in der Mitte des Spektrums zwischen den warmen und den kalten Farben liegt, wirkt es gleichzeitig erfrischend und beruhigend und verbindet die geistige mit der physischen Ebene, indem es besser erdet.

Wann ist die Farbe Grün zu wählen?

Korrespondierende Organe:

● Nerven
● Muskeln
● Knochen
● Sehnen
● Enzyme und Hormone

Grün als Heilfarbe:

- Es wirkt allgemein erfrischend, sanft anregend und gleichzeitig beruhigend, antiseptisch und bakterientötend;
- stärkt die Muskeln und Gewebe;
- wirkt anregend auf die Hirnanhangdrüse (Hypophyse), die mit dem Wachstum zu tun hat;
- ist ein sehr gutes ausgleichendes Mittel bei chronischen Krankheitszuständen.

Zu beachten:

Durch die beruhigende Wirkung auf das Nervensystem läßt sich Grün gut bei innerer Überreizung und Schlaflosigkeit anwenden. Es ist jedoch dann wohldosiert einzusetzen, wenn nur eine gewisse Beruhigung, aber keine Müdigkeit oder gar Schläfrigkeit eintreten soll.

Heilmeditation mit Grün

„Sich beruhigen und ins Gleichgewicht bringen lassen"

Stimmen Sie sich auf die Meditation ein, und lenken Sie dann Ihre Aufmerksamkeit auf die Farbe Grün. Visualisieren Sie ein Wasserbecken voller Algen von einem wunderschönen Smaragdgrün.

Sie verspüren den Wunsch, mit dieser beruhigenden Farbe zu verschmelzen. Zögern Sie daher nicht, in dieses Bad aus grünem Licht völlig einzutauchen.

Atmen Sie tief ein und spüren Sie, wie die Energie der grünen Farbe unterhalb Ihres Herzens, inmitten Ihrer Brust, in Sie eindringt. Von dort breitet sie sich, einem samtigen grünen Dunst vergleichbar, in Ihrem ganzen Körper aus und gelangt bis zu den verborgensten Stellen. Von Organ zu Organ, von Drüse zu Drüse wird Ihr Körper von Ruhe und Frieden durchdrungen.

In diesem ausgleichenden Farbenbad filtern Ihre Nieren alle Schadstoffe aus Ihrem Körper heraus, funktionieren Ihre Verdauungsorgane in harmonischem Einklang miteinander, wird Ihre Atmung ruhig und regelmäßig.

Außerhalb Ihres Körpers wirkt dieses grüne Lichtbad wie eine sanfte Liebkosung für Ihre Haut. Sie werden von einer angenehmen Empfindung erfaßt, die Sie mit Frische und Kühle assoziieren und die Sie gleichzeitig anregt und beruhigt.

Dieses Gefühl durchläuft Ihre Energiezentren und steigt hoch bis zu Ihrem Gehirn. Die beruhigende grüne Energie zirkuliert nun von oben bis unten in Ihnen. Ihr ganzes Sein vibriert in der Schwingung der grünen Farbe.

Verweilen Sie noch einige Augenblicke in Harmonie mit dieser Wahrnehmung, und geben Sie sich den Wogen der Entspannung hin, die Sie durchlaufen. Welche Stellen in Ihrem Körper möchten sich noch gerne entspannen? Lauschen Sie auf die Botschaften Ihres Körpers, und lenken Sie die grüne Farbe dorthin.

Danken Sie zunächst ihren wohltuenden Eigenschaften und dann der inneren Quelle, die Ihnen diese Erfahrung geschenkt hat.

Kehren Sie dann langsam in Ihren gewöhnlichen Bewußtseinszustand zurück. Nehmen Sie wieder bewußten Kontakt mit Ihrer Atmung, mit Ihrem Umfeld auf. Spüren Sie die Harmonie, in der Sie sich mit sich selbst und mit Ihrer Umgebung befinden.

Wenn Sie sich fortan die beruhigende und ausgleichende Energie der grünen Farbe regelmäßig ins Gedächtnis rufen, wird sie weiterhin in Ihnen wirksam bleiben.

Kapitel 5:
Die Farbe Blau

Blau ist diejenige Farbe, die vollkommene Stille versinnbildlicht. Analog dazu hat sie einen beruhigenden Effekt auf das Zentralnervensystem. Wenn dies notwendig ist, können Blutdruck, Puls und Atemrhythmus herabgesetzt werden, so daß sich der Organismus regenerieren und wieder mit neuer Energie aufladen kann.

Wann ist die Farbe Blau zu wählen?

Korrespondierende Organe:

- Nerven
- Kehle
- Nebenhöhlen
- Augen
- Ohren
- Nase

Blau als Heilfarbe:

● Es wirkt dämpfend, kühl-erfrischend und zusammen-
ziehend;

● entzündungshemmend, antiseptisch und fieber-
senkend;

● wirkt stabilisierend bei nervösen Störungen, Erschöpfung und Schlaflosigkeit.

Heilmeditation mit Blau

*„Lindernde Kühle empfinden und sich erfrischen
lassen"*

Stimmen Sie sich in die Meditation ein, und lenken Sie
Ihre Aufmerksamkeit dann auf die Farbe Blau. Visualisieren Sie vor sich einen Himmel von saphirblauer
Farbe, die durchsichtig und leuchtend ist. Lassen Sie
diese Farbe auf sich zukommen und in Form eines
blauen Lichtstrahls Gestalt annehmen.

Lenken Sie nun Ihre Aufmerksamkeit auf den Scheitelpunkt Ihres Kopfes. Atmen Sie tief ein und spüren
Sie, während die Luft durch Ihre Nasenlöcher einströmt,
wie der blaue Strahl durch den Scheitelpunkt ganz oben
auf Ihrem Kopf in Ihren Körper gelangt.

Diese blaue Energie breitet sich nun langsam und
sachte in Ihnen aus, bis Sie sich ganz von ihr eingehüllt
fühlen. Damit verschwindet jede Spur von Unruhe und
Nervosität in Ihnen. Der Rhythmus Ihres Herzschlags

verlangsamt sich. Die Farbe Blau schenkt Ihnen Gleichgewicht und Harmonie.

Wenn die Qualitäten der Farbe Blau nach und nach Ihre Zellen durchdringen, spüren Sie, wie Ihre Schmerzen gelindert und Verknotungen auf den verschiedenen Ebenen gelöst werden. Merken Sie, wie ein kühlender Atem von blauer Luft durch Sie hindurchgeht?

Verweilen Sie noch einige Augenblicke in Harmonie mit dieser blauen Schwingung. Lauschen Sie auf Ihren Körper. Welche Stellen in ihm bedürfen noch der Kühlung und Beruhigung? Lenken Sie die blaue Farbe dorthin, und spüren Sie ihrer kühlenden, beruhigenden und regenerierenden Wirkung nach.

Danken Sie zunächst den wohltuenden Eigenschaften der blauen Farbe und dann der inneren Quelle für diese Erfahrung.

Kehren Sie nun langsam in Ihren gewöhnlichen Bewußtseinszustand zurück. Nehmen Sie wieder bewußten Kontakt mit Ihrer Atmung, mit Ihrem Umfeld auf. Spüren Sie die Harmonie, in der Sie sich mit sich selbst und mit Ihrer Umgebung befinden.

Wenn Sie sich fortan die kühlende und erfrischende Energie der Farbe Blau ins Gedächtnis rufen, wird sie weiterhin in Ihnen wirksam bleiben.

Kapitel 6:
Die Farbe Indigo

Indigo ist ein dunkles Blau (mit einem leichten Schuß Rot).

Insofern hat es ganz ähnliche Eigenschaften wie Blau. Allgemein läßt sich sagen, daß es als Heilfarbe gewählt werden kann, wenn entsprechend der Intensität des Farbtons auch eine tiefergehende Wirkung erwünscht ist. Diese geht häufig stark in den psychosomatischen Bereich hinein, so daß der Anwendungsbereich von Indigo sich vor allem auf geistig-seelische Ursachen für gesundheitliche Störungen bezieht.

Wann ist die Farbe Indigo zu wählen?

Korrespondierende Organe:

- Atmungsorgane
- Nervensystem
- Schilddrüse
- Mandeln
- Blinddarm

Indigo als Heilfarbe:

- Es hat eine entspannende Wirkung auf die Atmung und ist bei Bronchitis und Lungenentzündung sowie bei Asthma gut einzusetzen;
- wirkt sich dämpfend auf eine Überfunktion der Schilddrüse aus;
- wirkt entzündungshemmend bei Blinddarm- und Mandelentzündung;
- hat eine günstige Wirkung auf die Blutstillung und auf die Vernarbung und bessere Heilung von Wunden;
- hat den Effekt eines natürlichen Betäubungsmittels bei Schmerzen aller Art.

Heilmeditation mit Indigo

,,Sich heilen lassen"

Stimmen Sie sich auf die Meditation ein, und lenken Sie Ihre Aufmerksamkeit dann auf die Farbe Indigo. Stellen Sie sich vor, wie sich von oben rechts ein blauer Lichtstrahl und von oben links ein rotvioletter Lichtstrahl auf Sie zu bewegen und über Ihrem Kopf zu einem einzigen Lichtstrahl in der Farbe Indigo verschmelzen. Richten Sie nun, während Sie gleichzeitig tief einatmen, Ihre Aufmerksamkeit auf den Scheitelpunkt Ihres Kopfes, wo der indigofarbene Lichtstrahl in Ihren Körper eintritt. Eine samtweiche, jedoch sehr kraftvolle

Energie gelangt damit in Ihren Körper, Sie fühlen sich von ihr genährt und belebt.

Sie atmen nun regelmäßig weiter, und mit dem Rhythmus von Ein- und Ausatmung werden unendlich feine Teilchen von indigofarbenem Licht in Ihrem ganzen Organismus verteilt.

Zuerst breitet sich die Farbe Indigo in Ihrem Gehirn aus, dann in Ihrer Kehle. Über Ihre Brust gelangt sie in Ihr Becken und strömt Ihre Beine hinab. Dabei festigt sie unaufhörlich das Gewebe Ihres Körpers, stärkt Ihre Muskeln und reinigt das Blut.

Ihre Nerven entspannen sich, Schmerzen werden gelindert und verschwinden schließlich ganz. Sie fühlen sich rundum wohl. Alle Zellen Ihres Körpers sind nun von indigofarbenem Licht erfüllt.

Verweilen Sie noch einige Augenblicke in Harmonie mit dieser Farbschwingung. Welche Stellen in Ihrem Körper schmerzen jetzt noch? Lauschen Sie in sich hinein und lenken Sie die Farbe Indigo dorthin. Sie spüren nicht nur Harmonie, sondern auch mehr Energie, die so beschaffen ist, daß sie Ihnen Ruhe schenkt.

Danken Sie zunächst den wohltuenden Eigenschaften der Farbe Indigo und dann der inneren Quelle, die Ihnen diese Erfahrung geschenkt hat.

Kehren Sie nun langsam in Ihren gewöhnlichen Bewußtseinszustand zurück. Nehmen Sie wieder bewußten Kontakt mit Ihrer Atmung, mit Ihrem Umfeld auf. Spüren Sie die Harmonie, in der Sie sich mit sich selbst und mit Ihrer Umgebung befinden.

Wenn Sie sich fortan die lindernde und heilende Energie der Farbe Indigo regelmäßig ins Gedächtnis rufen, wird sie weiterhin in Ihnen wirksam bleiben.

Kapitel 7:
Die Farbe Violett

Violett als Mischung aus Blau und Rot entspricht einer Verbindung von Ruhe und Bewegung. Entsprechend gilt es als allgemeines Beruhigungsmittel mit gleichzeitig reinigender und stärkender Wirkung, dies vor allem für ein unter Anspannung stehendes und daher erschöpftes Nervensystem. Violett besitzt auch eine besondere Verbindung mit dem feinstofflichen Körper.

Wann ist die Farbe Violett zu wählen?

Korrespondierende Organe:

- Nerven
- Drüsen, vor allem die Hypophyse
- Lymphsystem

Violett als Heilfarbe:

- Es lindert Schmerzen und Fieber;
- wirkt durch seinen Einfluß auf die Hypophyse auf einen überspannten Lebensrhythmus ein und hilft bei Schlafstörungen, Migräne und Depressionen.

Heilmeditation mit Violett

„Sich umwandeln und regenerieren lassen"

Stimmen Sie sich in die Meditation ein, und lenken Sie Ihre Aufmerksamkeit auf die Farbe Violett. Visualisieren Sie vor sich ein intensiv violettes Samtkissen, auf dem ein großer Amethyst liegt.

Versenken Sie Ihren Blick in die Tiefe der Farbe Violett, die nun in Gestalt eines Lichtstrahls auf Sie zukommt. Nehmen Sie sich die Zeit, seine Ausstrahlung zu bewundern, die gleichzeitig Ruhe und eine große Kraft zum Ausdruck bringt und die Ihnen das Gefühl gibt, Vertrauen haben zu können und im Vollbesitz Ihrer Kräfte zu sein.

Atmen Sie nun tief ein, und spüren Sie, während die Luft durch Ihre Nasenlöcher strömt, wie der violette Lichtstrahl durch den Scheitelpunkt des Kopfes in Ihren Körper eintritt. Das Licht breitet sich unmittelbar in Ihrem ganzen Kopf aus. Wenn Sie unter Kopfschmerzen leiden, werden diese gelindert. Die violette Farbe bringt auch Ordnung in Ihre Gedanken.

Sie strömt dann weiter in Ihre Kehle und in Ihren Nacken, wo sie Spannungen und Blockaden auflöst. Von dort gelangt sie in Ihren Brustkorb, wo sie ein Gefühl der Öffnung und Befreiung hervorruft. Sie spüren, daß Ihre Atmung weiter wird.

Ihr gesamter Oberkörper ist nun von dieser Empfindung der Ruhe und Offenheit erfüllt. Dies ist mehr als das Gefühl einer nur körperlichen Entspannung. Durch die Energie der Farbe Violett erscheinen Ihnen körperliche Störungen als nicht mehr so bedeutsam.

Nun fließt die Farbe Violett weiter in Ihren Körper hinab. Wenn Sie damit fortfahren, regelmäßig ein- und auszuatmen, wird sie sich gleichmäßig in Ihrem ganzen Organismus verteilen.

Sie erreicht Ihr Becken und läßt jede Wahrnehmung von Schwere verschwinden. Sie wirkt auch anregend auf Ihre Nerven und schenkt Ihnen Kraft und Mut, wobei Sie gleichzeitig ein Gefühl der Furchtlosigkeit und Friedlichkeit empfinden. Sie können eine gewisse Distanz angesichts Ihrer physischen Probleme gewinnen. Wenn Sie an eine Krankheit oder an einen Schmerz denken, so begreifen Sie, daß der Ursprung Ihrer physischen Probleme nicht nur in Ihrem Körper liegt, und auch, daß Sie mehr als dieser Körper sind.

Die tiefe innere Ruhe, die Sie nach und nach umfängt, läßt allmählich ein Gefühl von umfassender Liebe in Ihnen entstehen. Denken Sie in diesem Augenblick vor allem daran, sich selbst zu lieben und zu Ihrem Körper gut zu sein.

Die violette Farbe strahlt nun auch in Ihre Arme und Beine aus. Ein Kribbeln, ein Prickeln durchläuft Sie. Sie werden ganz von der violetten Schwingung erfaßt, werden ganz von diesem violetten Strom durchdrungen.

Verweilen Sie noch einige Augenblicke im Einklang mit dieser violetten Schwingung, und spüren Sie, wie sich alles in Ihnen durch eine Verbindung mit dem Höheren zu einem harmonischen Zusammenspiel gefügt hat.

Danken Sie zunächst der violetten Farbe und dann der inneren Quelle für diese Erfahrung, die Ihnen geschenkt wurde.

Wenn Sie das Gefühl haben, daß der richtige Zeitpunkt dafür gekommen ist, kehren Sie langsam in Ihren gewöhnlichen Bewußtseinszustand zurück. Nehmen Sie wieder bewußten Kontakt mit Ihrer Atmung, mit Ihrem Umfeld auf. Spüren Sie die Harmonie, in der Sie sich mit sich selbst und mit Ihrer Umgebung befinden.

Wenn Sie sich fortan die verwandelnde und regenerierende Energie der violetten Farbe regelmäßig ins Gedächtnis rufen, wird sie weiterhin in Ihnen wirksam bleiben.

Teil II:
Farbmeditationen zur Harmonisierung
psychischer Unausgewogenheiten
und Störungen

Wie schon bei den Heilmeditationen, wird auch hier den
Übungsanleitungen eine kurze Beschreibung der Eigenschaften der jeweiligen Farbe vorangestellt, die sich vor
allem auf den seelisch-geistigen Bereich beziehen. Der
Zustand psychischer Ausgeglichenheit und Harmonie
kann durch den Mangel oder das Übermaß an einer bestimmten Emotion gestört sein. Es werden einige Möglichkeiten aufgezeigt, in welcher Form sich solche Unausgewogenheiten äußern können, damit Ihnen die
Wahl der richtigen Farbe erleichtert wird.

Kapitel 1:
Die Farbe Rot

Rot als warme Farbe und Ausdruck der magnetischen schöpferischen Urkraft wirkt vor allem auf der physischen Ebene anregend auf die Lebensenergie und Aktivität. Es ist daher gut geeignet bei schwachem Realitätsbezug und Geerdetsein sowie bei Energiemangel, der sich in Sorgen, Zweifeln und Ängsten zeigen kann.

Rot wirkt jedoch auch als Katalysator für Bewußtseinsveränderungen und stärkt die verschiedenen Ausdrucksformen der Liebe und die Kraft zu ihrer Umwandlung in spirituelle Eigenschaften. Durch die Verbindung mit dem Körper können wir uns dessen bewußter werden, daß wir spirituelle Wesen in einem materiellen Körper sind.

Besonderer Hinweis:

Bei intensivem Umgang mit Rot ist darauf zu achten, daß die erweckte Energie auch einen konstruktiven Ausdruck findet und nicht nur zu nervlicher Anspannung und Unrast führt. Wenn Sie letztere Wirkung an sich feststellen, ist die Wahl des sanfteren Rosa (Rosenrot) vorzuziehen.

Wann ist die Farbe Rot zu wählen?

- Wenn es Ihnen allgemein an Lebensenergie mangelt, an Kraft, Freude, Begeisterung, Optimismus und Selbstvertrauen;
- wenn Sie von Resignation und einem Gefühl von Hoffnungslosigkeit erfüllt sind;
- wenn Sie sich häufig in die Vergangenheit zurücksehnen;
- wenn Sie wechselhaften Stimmungen unterworfen sind.

Ziel ist, daß

- Sie von Wärme und Kraft erfüllt werden;
- Ihr Optimismus geweckt wird;
- Ihre Entscheidungsfähigkeit gestärkt wird und Sie aufhören können, zu zweifeln und zu zögern.

Meditation zur Harmonisierung mit Rot

„Die ursprüngliche Lebenskraft wiederfinden"

Stimmen Sie sich, wie in der Einführung beschrieben, in die Meditation ein.

Lassen Sie sich dann von der Farbe Rot einnehmen — sie ist das Lebensprinzip selbst, die Energie in ihrem reinsten Zustand. Stellen Sie sich, mit geschlossenen Augen, ein großes wärmendes Feuer vor, das in der Erde lodert und durch die Fußsohlen auf Ihren Körper übergreift. Langsam steigt die Farbe Rot in Ihnen hoch und erfüllt auf ihrem Weg Ihre Organe mit ihrem Feuer.

Die Farbe gelangt schließlich auf die Höhe Ihres Herzens und läßt dort das Bedürfnis entstehen, Aktivität zu entfalten und sich für andere einzusetzen. Spüren Sie, wie sich dieses Gefühl in einem Wirbel schöpferischer Energie in Ihrem ganzen Körper ausbreitet und Ihnen das Bewußtsein von Furchtlosigkeit gibt.

Die Farbe Rot steigt weiter bis zu Ihrem Kopf hoch und dehnt sich dann über die Begrenzungen des physischen Körpers in Ihre Aura hinein aus.

Sie sind nun ganz eins mit der Farbe Rot geworden und spüren, wie Sie eine größere Energie, Vitalität und Stärke geschenkt bekommen. Identifizieren Sie sich mit allen positiven Qualitäten der Farbe Rot, die Sie nun in sich verinnerlicht haben, und seien Sie sich klar darüber, daß Sie von nun an ein unerschütterliches Vertrauen und einen neuen Elan in all Ihren Unternehmungen und gleichzeitig auch eine größere Selbstbeherrschung besitzen.

Verweilen Sie noch einige Augenblicke in dieser roten Schwingung, und danken Sie dann der inneren Quelle, die Ihnen diese Erfahrung geschenkt hat.

Kehren Sie nun langsam zu dem Bewußtsein Ihres Körpers und Ihrer Umgebung zurück und öffnen Sie wieder die Augen. Sie fühlen sich von der Energie der Farbe Rot erfüllt und in Einklang mit dem Leben.

Kapitel 2:
Die Farbe Orange

Orange, die Verbindung aus Rot und Gelb, verbindet entsprechend das physische mit dem geistigen Prinzip. Es ist daher eine wichtige Energie für die Aufnahme neuer Ideen und den gleichzeitigen Impuls, sie auch realisieren zu wollen. Durch die Beziehung zwischen Körper und Geist entsteht eine optimistische Wechselwirkung, gepaart mit dem sanften Durchsetzungsvermögen, innere Hemmungen und äußere Begrenzungen zu überwinden.

Wann ist die Farbe Orange zu wählen?

- Wenn es Ihnen an geistiger Beweglichkeit und Anpassungsfähigkeit mangelt;
- wenn Sie sich nur schwer von etwas Neuem anstecken und begeistern lassen;
- wenn Sie häufig schwermütig und bisweilen sogar depressiv sind und eine Neigung zu Traurigkeit und Pessimismus haben.

Ziel ist, daß

- Sie frei genug werden, Grenzen aufzuheben, die nur in Ihrer Vorstellung und aus Ihren Ängsten heraus existieren;
- Sie sich für die Gefühle von Reichtum, Fülle und Freigebigkeit öffnen können.

Meditation zur Harmonisierung mit Orange

„In den strahlenden Glanz der Sonne eintauchen"

Stimmen Sie sich in die Meditation ein. Visualisieren Sie dann vor sich mit geschlossenen Augen die Farbe Orange der untergehenden Sonne, und spüren Sie, wie ihr wärmendes orangefarbenes Licht Sie anstrahlt. Es kommt auf Sie zu und vermittelt Ihnen eine Empfindung von Reichtum und Freude. Lassen Sie sich von diesem Wohlgefühl völlig einnehmen.

Die orangefarbene Schwingung wird größer und gelangt zunächst in Ihre Aura, die gereinigt und von Licht erfüllt wird.

Dann tritt die Farbe Orange durch alle Poren der Haut in Ihren Körper ein und bringt Ihnen Geschmeidigkeit und ein Gefühl von jugendlicher Frische. Ein ungeheures Wohlgefühl verbreitet sich in Ihrem gesamten Organismus, so daß Sie sich als ganz und gar lebendig erfahren. Die warme Energie des orangefarbenen Lichtes fördert Ihre Begeisterungsfähigkeit, läßt Sie spontaner werden und regt Sie zu Aktivität an.

Sie sind nun ganz eins mit der Schwingung der Farbe Orange und spüren ihre Energie als Quelle der Inspiration, die Ihre Phantasie sich entfalten läßt. Alle positiven Qualitäten der Farbe Orange teilen sich Ihnen mit.

Verweilen Sie noch einige Augenblicke im Einklang mit dieser Schwingung, und danken Sie dann der inneren Quelle, die Ihnen diese Erfahrung geschenkt hat.

Kehren Sie dann langsam zu Ihrem Körper und zu Ihrer Umgebung zurück, und öffnen Sie wieder die Augen. Sie fühlen sich von der Energie der Farbe Orange und von einem Gefühl der Harmonie mit dem Lebensprozeß erfüllt.

Kapitel 3:
Die Farbe Gelb

Gelb ist eine warme Farbe, die durch ihre mit der Sonne assoziierten Qualitäten eine erhebende Wirkung auf uns ausübt. Sie hat einen anregenden Einfluß sowohl auf die intellektuelle Wissensaufnahme als auch die intuitiven Qualitäten des Geistes. Gelb macht wach und läßt die dem Geist innewohnende Weite erkennen, wodurch es auch für andere und ihre Bedürfnisse offener werden läßt.

Durch seine Verbindung mit der Sonne ist Gelb ein Gegenpol zu negativen Gefühlen. An die Stelle von Apathie und Gleichgültigkeit tritt eine in sich ruhende und gleichzeitig strahlende Freude, die auf andere als ansteckender Optimismus wirkt.

Wann ist die Farbe Gelb zu wählen?

- Wenn Sie traurig sind und sich unverstanden oder ungeliebt fühlen;
- wenn Sie sich nicht gut in Form fühlen und unternehmungslustiger werden möchten;
- wenn Sie ständig im Widerspruch sind;
- wenn Sie durch die Reaktionen Ihrer Mitmenschen das Gefühl haben, zu selbstbezogen oder intolerant zu sein;
- wenn Sie sich von einer Fixierung befreien möchten.

Ziel ist, daß

- Ihre Intelligenz angeregt wird und Sie die weiten Möglichkeiten Ihres Geistes kennenlernen, die Ihnen Weisheit bringen;
- Sie kommunikativer werden und sich stärker sozial einbinden.

Meditation zur Harmonisierung mit Gelb

„Mit dem goldenen Lichtstrahl der Weisheit verschmelzen"

Stimmen Sie sich in die Meditation ein, und visualisieren Sie dann mit geschlossenen Augen einen weißen Lichtball, der aus dem unendlichen Raum auf Sie zukommt und über Ihrem Kopf schwebt. In ihm sind alle Farben des Regenbogens enthalten. Spüren Sie die ihm innewohnende Intelligenz und Weisheit.

Vergegenwärtigen Sie sich, daß Sie im Augenblick die Energie der Farbe Gelb brauchen. Visualisieren Sie, wie diese als goldgelber Strahl aus dem Lichtball heraustritt. Ziehen Sie die Farbe Gelb durch Ihre Ohrmuscheln, durch Ihre Gehörgänge in sich hinein und spüren Sie, wie sie sich in lebhafter Spiralbewegung rasch in Ihnen ausbreitet.

Lassen Sie sich langsam von der Farbe Gelb völlig durchdringen. Sie hat eine belebende und befreiende Wirkung, die Ihre Intelligenz positiv beeinflußt. Die

Farbe Gelb bringt Sie in Harmonie, schenkt Ihnen eine großzügige Gesinnung und erhöht Ihr Selbstvertrauen sowie Ihre Selbstbeherrschung.

Führen Sie diese Übung mit dem Rhythmus des Ein- und Ausatmens fort, bis Sie das Gefühl haben, immer mehr eins mit dieser Farbschwingung zu werden.

Das strahlende Licht weitet sich dann bis in Ihre Aura aus und erfüllt Sie mit Energie und Freude. Gelb macht Sie heiter und optimistisch. Es stärkt Ihre Kommunikationsfähigkeiten und Ihre Bereitschaft, sich zu öffnen und größeres Verständnis zu entwickeln. Ganz allgemein erfahren Sie eine Bewußtseinserweiterung, und ein positiver Impuls für einen Neubeginn wird gesät.

Nehmen Sie einige Augenblicke mit all Ihren Poren die Kraft aus dieser Lichtquelle auf. Fühlen Sie sich ganz eins mit dieser intensiven Farbschwingung – dem lebendigen Licht des Geistes. Senden Sie diese Kraft an alle Wesen weiter, die sie in diesem Moment benötigen mögen.

Danken Sie dann der inneren Quelle dafür, daß sie Ihnen diese Erfahrung geschenkt hat, und kehren Sie wieder in Ihren Körper, in Ihre Umgebung zurück. Öffnen Sie die Augen, und genießen Sie die Erfahrung von Harmonie, die Sie aus diesem Erleben mitgebracht haben.

Kapitel 4:
Die Farbe Grün

Grün ist verbunden mit organischer Entwicklung und schenkt die dafür erforderliche Energie und Bewußtheit. Es unterstützt daher Prozesse des Wachstums und der Veränderung als unvermeidbarer und auch notwendiger Bestandteil des menschlichen Lebens und macht dafür offener und flexibler.

Grün entsteht aus der Verbindung von Gelb und Blau und läßt die stärker aktivierende Schwingung von Gelb durch die Ruhe und Tiefe von Blau ausgewogener werden. Es ist allerdings wichtig, mit seiner Energie wohldosiert und nicht im Übermaß zu arbeiten, damit das Gleichgewicht gewahrt bleibt. Unter dieser Voraussetzung kann Grün sich über seine durch Ausgleich stärkende Wirkung auf das Nervensystem als außerordentlich harmonisierend und stabilisierend im Gefühlsbereich erweisen. Es korrespondiert mit dem Herz-Chakra und hat auch auf das Herz selbst eine ausgleichende Wirkung.

Wann ist die Farbe Grün zu wählen?

- Wenn Sie häufig negative Empfindungen haben;
- wenn Sie anderen gegenüber Gleichgültigkeit empfinden;

- wenn Sie sich nicht so akzeptieren können, wie Sie sind;
- wenn Sie sich ungeliebt fühlen und selbst keine Liebe geben können.

Ziel ist, daß

- Sie lernen loszulassen, wo dies für Ihr Wachstum notwendig ist;
- Sie mehr Gelassenheit und Ur-Vertrauen empfinden und dadurch auch mehr von sich selbst geben können;
- Sie eine größere Beständigkeit erlangen, weniger zu Extremen neigen und ausgeglichener und harmonischer werden.

Meditation zur Harmonisierung mit Grün

„Durch heilendes Vertrauen die Herzkräfte entwickeln lernen"

Stimmen Sie sich in die Meditation ein. Achten Sie darauf, daß Sie möglichst entspannt dasitzen, und stellen Sie sich dann mit geschlossenen Augen vor, wie Sie durch einen lichten Wald laufen. Alles um Sie herum ist grün, und Sie fühlen sich ganz von den Ruhe ausstrahlenden Schwingungen dieser Farbe durchdrungen.

Dann gelangen Sie zu einer Lichtung und strecken sich auf einem weichen Grasteppich aus. Saugen Sie die Sie umgebende Farbe Grün ganz mit Ihren Augen und Ihrer Nase auf. Lassen Sie sie mit Ihrem Atem und auch durch Ihre Handflächen in Ihren Körper gelangen.

Das Grün breitet sich nun vollständig in Ihrem Körper aus, und all Ihre Organe werden von diesen sanften und harmonischen grünen Lichtwellen belebt. Alle Wunden werden zunächst gereinigt und dann geheilt. Negative Gedanken und Gefühle werden aufgelöst. Spannungen werden von Ihnen weggenommen, Sorgen fallen von Ihnen ab. Eine stille Heiterkeit breitet sich in Ihnen aus, und Sie können echtes Vertrauen empfinden. Dies wird Ihrer Erfahrung die notwendige Erdung geben.

Visualisieren Sie nun, wie sich aus der Mitte der grünen Lichtstrahlen vor Ihnen ein großes, leuchtendes Smaragdherz bildet. Übergeben Sie ihm alles, was Sie noch an Negativität in sich spüren, und bitten Sie es, diese zu verwandeln. Spüren Sie, wie seine Strahlen Ihre Aura erfüllen und diese harmonisieren und regenerieren.

Die Farbe Grün steht für die Hoffnung, sich selbst und das Leben so annehmen zu können, wie es ist, und auch den Mitmenschen so helfen zu können, wie sie es brauchen, wenn Ihr Herz sich geöffnet hat.

Stellen Sie sich vor, daß Sie nun ganz eins mit der Farbe Grün sind und all ihre Kräfte und positiven Eigenschaften verinnerlicht haben. Verweilen Sie noch einige Augenblicke im Einklang mit dieser Schwingung, und danken Sie dann der inneren Quelle, die Ihnen diese Erfahrung geschenkt hat.

Kehren Sie langsam wieder in Ihren Körper, in Ihre Umgebung zurück. Öffnen Sie die Augen, und spüren Sie die Harmonie, die daraus erwächst, mit dem Lebensprozeß einverstanden zu sein.

Kapitel 5:
Die Farbe Blau

Blau ist eine kalte Farbe, die vor allem auf die Nerven eine beruhigende Wirkung hat und zu einem Zustand von innerer Ruhe und heiterem Losgelöstsein beiträgt. Die dunkleren Blautöne unterstützen in besonderem Maße einen bewußten und positiven Gebrauch von starken, aber kontrollierten Emotionen. Blau kann zu einem klareren Verständnis und größeren Bewußtsein führen. Je nach seiner Intensität läßt Blau auch den Lebensprozeß in geistigen Zusammenhängen und damit ein größeres Gefühl von Einheit erfahren.

Besonderer Hinweis:

Ein ausgewogener Gebrauch von Blau ist wichtig, da allzu große Kühle auch zu Rückzugstendenzen und Depression führen kann.

Wann ist die Farbe Blau zu wählen?

- Wenn Sie sich als herrschsüchtig oder leidenschaftlich erregt erfahren;
- wenn Sie handeln, ohne nachzudenken;

- wenn Sie sich am liebsten vor sozialen Verpflichtungen zurückziehen.

Ziel ist, daß

- Sie größere Sicherheit, mehr Milde und inneren Frieden finden;
- Sie Ihr Pflichtbewußtsein stärken und ein größeres Gefühl von Verantwortung und Gemeinschaftssinn entwickeln.

Meditation zur Harmonisierung mit Blau

„Die Unendlichkeit des Himmels erfahren"

Stimmen Sie sich in die Meditation ein, und stellen Sie sich dann vor, daß Sie ausgestreckt auf einer Wiese liegen. Ihre Augen sind zum Himmel gerichtet, und Ihr Blick füllt sich mit der Unendlichkeit dieses Himmels, der wolkenlos und von einem tiefen, durchscheinenden Azurblau ist. Lassen Sie Ihren Blick sich darin verlieren.

Atmen Sie nun langsam ein und spüren Sie, wie die Farbe Blau mit jedem Atemzug in Sie eintritt und sich in Ihnen wie eine wohltuende Woge ausbreitet. Jede Zelle Ihres Körpers wird nach und nach durch den Kontakt mit dieser blauen Energie von Licht erhellt. Dieses Licht macht Sie sanft und ruhig, schenkt Ihnen Vertrauen und stärkt Ihre Intuition. Die Farbe Blau hüllt Sie schließlich ganz ein und durchtränkt Sie mit ihrem Geist der Wahrheit und Weisheit.

Öffnen Sie sich für jegliche Inspiration, die Ihnen diese blaue Schwingung vermitteln kann. Sie taucht Ihren Körper in ein Lichtbad und erhellt Ihre Aura mit ihrer Klarheit. Stellen Sie sich vor, daß Sie ganz eins mit dieser blauen Farbe geworden sind, deren Qualitäten die Reinheit Ihrer Wünsche und die Besonnenheit Ihrer Handlungen zunehmen lassen.

Verweilen Sie noch einige Augenblicke in dem Gefühl, ganz von dieser Schwingung durchdrungen zu sein, und senden Sie ihre Energie auch nach außen, damit sie alle Wesen erreichen möge, die sie in diesem Moment benötigen.

Danken Sie der inneren Quelle für Ihre Erfahrung, und kehren Sie dann langsam in den Zustand zurück, sich Ihres Körpers und Ihrer Umgebung wieder bewußt zu sein. Öffnen Sie die Augen, und spüren Sie weiterhin die Unendlichkeit des blauen Himmels in sich.

Kapitel 6:
Die Farbe Indigo

Für Indigo, einen dunklen Blauton mit einem Schuß Rot, gilt eine ganz ähnliche Charakteristik wie für Blau. Der intensivere Farbton weist auf eine Vertiefung der zuvor beschriebenen Eigenschaften und Wirkungen hin. Indigo entspricht noch mehr dem „Bewußtsein" beziehungsweise wenn dieses verdunkelt ist und nicht klar wahrgenommen werden kann oder will, dem Unbewußten.

Wann ist die Farbe Indigo zu wählen?

- Wenn Sie überstarke Impulse oder unkontrollierte Reaktionen zeigen;
- wenn Sie extreme Verhaltensweisen an den Tag legen;
- wenn Sie zu Pessimismus neigen und leicht Schuldgefühle haben.

Ziel ist, daß

- Sie größere Unterscheidungskraft und Mäßigung lernen;
- Ihre Wahrhaftigkeit und Ihre Weisheit zunehmen;
- Sie lernen, Ihrer Intuition zu vertrauen und ihr als Inspiration folgen.

Meditation zur Harmonisierung mit Indigo

„Die Tiefe der Nacht in sich ergründen"

Stimmen Sie sich in die Meditation ein, und versetzen Sie sich dann in die Stille einer mondlosen Nacht. Heben Sie Ihren Kopf zum sternenübersäten Himmel, und lassen Sie Ihren Blick sich in den Tiefen seines dunklen Blaus verlieren.

Dieser unendliche, indigofarbene Himmel zieht Sie an, und Sie fühlen sich von seiner pulsierenden Kraft in die Höhe gehoben. Ziehen Sie mit Ihrem Atem diese wohltuende Farbenergie zu sich hin und in sich hinein. Spüren Sie jedes Mal, wenn Sie einatmen, wie Sie immer mehr von der Farbe Indigo erfüllt werden.

Nach und nach verwandelt sich jede Zelle, jedes einzelne Körperteilchen in indigofarbenes Licht. Spüren Sie, wie sich all Ihre Spannungen unter dem Einfluß dieser Energie auflösen. Spüren Sie, wie diese Energie all Ihre Ängste und Zweifel wegnimmt. Spüren Sie, wie diese Energie Sie in Ihrem intuitiven Wissen bestärkt und das Empfinden für die Wahrheit in Ihnen fördert.

Die Farbe Indigo ist eine Widerspiegelung des Bewußtseins. Wenn Sie seine Tiefe ergründen, geht eine Wandlung in Ihnen vor. Sie sehnen sich nach einem Leben, das der Wahrheit näher ist, nach größerer Gerechtigkeit, nach einem Zustand der Klarheit und Weisheit. Dies kann Ihnen fortan als Inspiration dienen.

Seien Sie noch einige weitere Augenblicke empfänglich für diese Qualitäten der Farbe Indigo, die in der Tiefe Ihres Seins das Bewußtsein Ihrer Zellen verändern werden. Fühlen Sie sich ganz von dieser Schwingung durchdrungen, und danken Sie dann der inneren Quelle, die Ihnen diese Erfahrung geschenkt hat.

Kehren Sie nun langsam in den Zustand zurück, sich Ihres Körpers und Ihrer Umgebung wieder bewußt zu sein. Öffnen Sie die Augen, und nehmen Sie auch in der Helle des Tages die heilsame Tiefe der Nacht wahr.

Kapitel 7:
Die Farbe Violett

Durch die Verbindung von Rot und Blau mit den entsprechend gegensätzlichen und sich ergänzenden Qualitäten entsteht bei Violett eine Wechselwirkung und Ausgewogenheit, die sozusagen aus der Tiefe kommt und bis in die Höhe reicht. Die Trennung zwischen Subjekt und Objekt kann aufgehoben werden, und durch die völlige Identifikation mit dieser Erfahrung kann sich eine magische Beziehung mit der Welt einstellen.

Besonderer Hinweis:

Es ist allerdings darauf zu achten, daß man sich nicht in die bloße Vorstellung von Phantasiewelten flüchtet und diese für die Realität hält.

Violett hat eine intensive Wirkung auf die Seele und spricht die Sensibilität des Menschen an. Es ist in besonderem Maße auch eine spirituelle Farbe. Durch seine tiefgehende Wirkung auf das Unbewußte kann es tiefsitzende Ängste und andere Blockierungen auflösen und, bei entsprechender Bewußtheit, in kreativ nutzbare Energie umwandeln.

Wann ist die Farbe Violett zu wählen?

- Wenn Sie sich dabei ertappen, oft unbewußt zu handeln;
- wenn Sie ein zu großer Egoist sind und zu Eifersucht neigen;
- wenn Sie sich der Kritik ausgesetzt fühlen oder andere als gleichgültig Ihnen gegenüber empfinden;
- wenn Sie sich, oft aus unerklärlichen Gründen, verbittert oder frustriert, verzweifelt oder depressiv fühlen.

Ziel ist, daß

- Sie sich selbst nicht mehr so wichtig nehmen und etwas mehr Demut lernen;
- Ihre Sensibilität gestärkt wird und Sie der Führung Ihrer inneren Stimme folgen;
- Sie lernen zu verzeihen und zur Weisheit von bedingungsloser Liebe finden.

Meditation zur Harmonisierung mit Violett

,,Wie oben, so unten"

Stimmen Sie sich in die Meditation ein. Stellen Sie sich dann vor, daß ein intensives violettes Licht Ihren Blick auf sich zieht. Lenken Sie Ihren Blick in die Richtung, wo es herkommt.

Betreten Sie im Geiste eine unterirdische Grotte, die aus Amethysten zu bestehen scheint. Tauchen Sie ganz in diese violette Farbe ein und spüren Sie, wie Ihr Geist beginnt, leer zu werden.

Die violette Farbschwingung breitet sich in Ihrem Körper aus, reinigt ihn von Spannungen und Blockierungen und beseitigt zunächst Ihre physischen Beschwerden.

Dann verschwinden auch negative Fixierungen Ihrer Psyche. Sie lernen loszulassen, so daß die alltäglichen Sorgen Sie nicht mehr in Besitz nehmen können. Sie fühlen sich von Reinheit, von Verstehen und der Kraft des Vergebens durchdrungen.

Inmitten der Grotte und an ihrer tiefsten Stelle, befindet sich ein kleiner Teich. Beugen Sie sich darüber und betrachten Sie Ihr Spiegelbild im Wasser. Es strahlt gleichzeitig Bescheidenheit und Würde, Heiterkeit und Ruhe aus.

Die Farbe Violett hüllt Sie nicht nur ein, sie dringt mit dem Atem durch Ihre Handflächen und Fußsohlen auch stetig in Ihren Körper ein und erfüllt Sie mit Liebe und Weisheit. Fast scheint es so, als könnten Sie den unvergleichlichen Duft von Violett in sich einatmen. Öffnen Sie sich mit allen Poren den heilsamen Kräften dieser Schwingung und lassen Sie Ihre Zellen, bis hin zu Ihrem Bewußtsein, von diesen wohltuenden Energien verwandeln.

Sie erfahren damit eine stärkere Verbindung zu Ihren Idealen und nehmen wahr, wie vielfältige Qualitäten in Ihnen erwachsen. Sie spüren auch ein viel größeres Vertrauen zu sich selbst und in die Kraft der höheren Führung, die als innere Stimme zu Ihnen spricht.

Verweilen Sie noch einige Augenblicke im Einklang

mit dieser violetten Schwingung, und danken Sie dann der inneren Quelle, die Ihnen diese Erfahrung ermöglicht hat.

Kehren Sie dann langsam in einen Zustand normalen Bewußtseins zurück, aber halten Sie Ihre Wahrnehmung einer höheren Realität dahinter weiterhin aufrecht.

Teil III:
Farbmeditationen mit dem Spektrum des Regenbogens

1. Chakren und Farben

Die Chakren sind Energiezentren in unserem „Äther-körper", der feinstofflichen Entsprechung unseres physischen Körpers. Jedes der sieben Chakren steht mit bestimmten Organen und einem Körperbereich in Verbindung, und es gibt auch einen Bezug zu dem System der endokrinen Drüsen.

Jedes der sieben Chakren schwingt in einer bestimmten Farbe. Die mit den Chakren korrespondierenden Farben verlaufen von oben nach unten in derselben Ordnung wie die Farben des Regenbogens. Auch stimmt die energetische Funktion jedes Chakras mit der Symbolik der ihm zugeordneten Farbe überein, wie die folgende Übersicht zeigt:

Das Wurzelchakra liegt zwischen Anus und Genitalien (Steißbein). Es hat einen Bezug zu Anus und Darm, zur Wirbelsäule, zu den Knochen, zum Zellaufbau des Körpers, zum Blut und im endokrinen System zu den Nebennieren. Die mit ihm korrespondierende Farbe ist Rot. Es steht allgemein für das Prinzip des Lebens und wirkt stabilisierend und erdend.

Das Sakralchakra liegt am oberen Teil des Kreuzbeins. Es hat einen Bezug zu den Sexualorganen, zu Nieren und Blase, zu Blut und Lymphe und im endokrinen System zu den Keimdrüsen. Die mit ihm korrespondierende Farbe ist Orange. Es steht für Energie (und das daraus erwachsende Glücksgefühl) und dadurch, daß es in Bewegung bringt, wirkt es reinigend.

Das Nabelchakra liegt im Solarplexus, zweifingerbreit über dem Nabel. Es hat allgemein einen Bezug zum Verdauungssystem, zu Magen, Milz, Leber und Galle, zum vegetativen Nervensystem und im endokrinen System zur Bauchspeicheldrüse. Die mit ihm korrespondierende Farbe ist Gelb. Es steht für die Kraft des Geistes und wirkt ausstrahlend und gestaltend.

Das Herzchakra liegt in der Mitte des Brustkorbs. Außer zum Herzen selbst hat es einen Bezug zum Blut- und Kreislaufsystem sowie im endokrinen System zur Thymusdrüse. Die mit ihm korrespondierende Farbe ist Grün. Es steht für Harmonie und Liebe (und die dadurch mögliche Regeneration) und wirkt öffnend und verbindend.

Das Halschakra liegt am Kehlkopf. Es hat einen Bezug zu den Atmungsorganen, Lungen und Bronchien, zu Speiseröhre, Kehle und Kiefer sowie im endokrinen System zur Schilddrüse. Die mit ihm korrespondierende Farbe ist Blau. Es steht mit Kommunikation und Kreativität in Verbindung und stärkt die dafür notwendigen Eigenschaften.

Das Stirnchakra liegt zwischen den Augenbrauen (Drittes Auge). Es hat einen Bezug zum Kleinhirn und zu den Sinnesorganen sowie im endokrinen System zur Hypophyse. Die mit ihm korrespondierende Farbe ist Indigo. Es steht mit Intuition und Erkenntnis in Verbindung und fördert die dazu benötigten Eigenschaften.

Das Kronenchakra liegt am Scheitelpunkt des Kopfes. Es hat einen Bezug zum Großhirn und im endokrinen System zur Epiphyse. Die mit ihm korrespondierende Farbe ist Violett. Es entspricht dem höchsten reinen Bewußtsein und wirkt transzendierend.

Aus diesen Analogien ergibt sich, daß die Chakren besonders geeignete Kanäle für Farbenergien sind. Störungen oder Unausgewogenheiten (beispielsweise in Form eines zu starken oder zu schwachen Energieflusses) lassen sich sehr gut durch Farbtherapie harmonisieren.

Der folgende Übungsvorschlag für eine Farbmeditation arbeitet mit allen Chakren und öffnet den Energiefluß zwischen ihnen. Finden Sie für diese Übung Ihren eigenen Rhythmus, das heißt: Geben Sie jeder Farbe und jedem Chakra so viel Zeit und Raum, wie Sie dies aufgrund Ihrer inneren Wahrnehmung als angemessen empfinden.

Stellen Sie sich vor, daß Energie aus der Erde durch Ihre Fußsohlen in Sie eintritt und sich in Ihrem Körper mit dem Rhythmus Ihres Atems nach oben bewegt. Wenn sie auf die Höhe Ihres Wurzelchakras gelangt, visualisieren Sie, wie sie eine rote Färbung annimmt und zu einem pulsierenden Energiefeld wird, das Sie mit Leben durchdringt.

Lassen Sie die Energie mit Ihrem Atem weiter hochsteigen. Visualisieren Sie sie im Sakralchakra in der Farbe Orange. Spüren Sie, wie Sie sich öffnen und immer mehr entspannen.

Atmen Sie weiter tief ein und aus, und stellen Sie sich vor, wie die Energie zu einem warmen Goldgelb wird.

Im Bereich Ihres Solarplexus, des Nabelzentrums, beginnt sie sich immer schneller zu drehen. Dies gibt Ihnen ein Gefühl von großer geistiger Kraft.

Die Farbenergie strömt nun weiter aufwärts zu Ihrem Herzchakra und nimmt die Farbe Grün an. Nach einer Weile nehmen Sie wahr, wie leicht Sie nun vieles loslassen können, was Sie noch belastet. Sie erfahren eine tiefgreifende Regeneration.

Vom Herzzentrum aus verwandelt sich die Farbe Grün über Türkis allmählich zu einem sanften Himmelblau, das Ihr Kehlchakra löst und öffnet. Dann fließt die Energie als immer dunkler werdendes Indigoblau in Ihr Stirnchakra, wo sie Ihnen tiefe Ruhe schenkt, die gleichzeitig auch eine große Kraft einschließt.

Schließlich wird Ihr Scheitelchakra von der Energie der violetten Farbe eingehüllt, die Sie die Einheit mit allem empfinden läßt. Dann löst sie sich langsam in das transparente weiße Licht auf, in dem alle Farben miteinander verschmolzen sind.

Halten Sie, bevor Sie wieder in Ihr Alltagsbewußtsein zurückkehren, die Empfindung der Chakren noch eine Zeitlang in Ihrem Körper aufrecht, und lauschen Sie in sich hinein, ob Sie die fließende Verbindung zwischen ihnen wahrnehmen können. Spüren Sie, wie die Energie sich mit Ihrem Ausatmen in Ihrem ganzen Körper verteilt und über seine Begrenzungen hinaus auch Ihre Aura erfüllt.

2. Edelsteine und Farben: Meditation mit einem Stein-Mandala

Man nimmt dafür sieben Steine, die jeweils einer der sieben Farben des Regenbogens entsprechen sowie mit den sieben Chakren korrespondieren. Sie werden in der natürlichen Ordnung von Rot bis Violett in Kreisform ausgelegt.

Vorschläge für die Wahl der Steine:

Rot:

Jaspis, Rubin, Granat

Orange:

Karneol, Koralle

Gelb:

Citrin, gelber Saphir, Tigerauge

Grün:

Smaragd, Aventurin, Jade

Blau:

Aquamarin, Türkis, Chalcedon

Indigo:

Lapislazuli

Violett:

Amethyst

Die energetische Aufladung der kreisförmig ausgelegten Steine schafft eine schützende Zone, vor allem auch dann, wenn Objekte in das Innere des Kreises gelegt werden. In das Zentrum des Mandala können Sie auch einen weißen, das heißt, transparenten Stein legen, beispielsweise einen Bergkristall.

Vor dieser Übung ist der Meditationsraum nicht nur physisch, sondern auch psychisch zu reinigen. Wenn Sie irgendeine Störung in der Atmosphäre bemerken, sollten Sie eine Kerze entzünden und darum bitten, daß die Flamme alle Unreinheiten aufnehmen und verbrennen möge. Dieselbe Wirkung hat auch das Verbrennen von Räucherwerk.

Legen Sie Armbanduhr und Schmuck ab, sofern es sich dabei nicht um einen energetisch besonders aufgeladenen Gegenstand, wie beispielsweise ein Amulett, handelt.

Setzen Sie sich in Meditationshaltung hin, und legen Sie das Stein-Mandala, wie oben beschrieben, vor sich aus.

Machen Sie dann ein paar tiefe Atemzüge, entspannen Sie sich, und bringen Sie Ihren Geist zur Ruhe.

Richten Sie Ihre Gedanken nach oben – zur Sonne, zum reinen Licht – so weit, bis Sie spüren, daß Sie an etwas „stoßen" oder nicht höher gelangen können.

Stellen Sie sich dann beim Einatmen vor, daß diese höhere Energie – oder dieses von oben strömende Licht – in Form eines Lichtbündels von roter Farbe in den ersten, also den roten Stein des Mandala herabfließt. Nehmen Sie nun diesen Stein und führen Sie ihn sich vor das Stirnchakra, zwischen die beiden Augenbrauen.

Halten Sie nun Ihren Atem ein wenig an. Konzentrieren Sie die Energie in diesem Stein, und stellen Sie sich vor, daß dieser die Energie noch verstärkt und wieder zurücküberträgt. Konzentrieren Sie diese Energie dann in Ihrem Dritten Auge.

Lenken Sie, wenn Sie wieder ausatmen, die Energie (sie ist immer noch von roter Farbe) zum ersten Chakra am unteren Ende der Wirbelsäule. Stellen Sie sich vor, daß sie von dort in den ganzen Körper ausstrahlt und auch die Aura mit Lebenskraft und Energie erfüllt.

Sprechen Sie nun einen Leitsatz als Affirmation, die der Qualität der Farbe Rot entspricht:

„Die Lebenskräfte beschützen und heilen mich."

Wenn Sie wieder einatmen, führen Sie diese Übung mit der Farbe Orange durch. Halten Sie den entsprechenden Stein an Ihr Drittes Auge, und lenken Sie die Energie dann zum Sakralchakra. Sprechen Sie dabei die Affirmation für die Farbe Orange:

„In mir verstärkt sich das Vertrauen."

Setzen Sie die Übung mit der Farbe Gelb fort, und lenken Sie die Energie, die Sie mit dem entsprechenden Stein im Dritten Auge konzentriert haben, zu Ihrem Nabelchakra im Solarplexus. Sprechen Sie dabei die Affirmation für die Farbe Gelb:

„Die Weisheit schenkt mir Kraft."

Fahren Sie dann mit der Farbe Grün fort. Lenken Sie die Energie, die Sie mit dem entsprechenden Stein im Dritten Auge konzentriert haben, in Ihr Herzchakra. Sprechen Sie dabei die Affirmation für die Farbe Grün:

„Die Liebe verwandelt mich und läßt mich wachsen."

Setzen Sie die Übung entsprechend mit der Farbe Blau fort, die Sie in Ihr Kehlchakra lenken, und sprechen Sie dazu die Affirmation:

„Die Wahrheit reinigt mich und meine Beziehungen."

Die Energie der Farbe Indigo halten Sie konzentriert in Ihrem Stirnchakra zwischen den Augenbrauen, und Sie sprechen dazu die Affirmation:

„Die Kraft der Erkenntnis bringt mich in Harmonie."

Senden Sie dann die Energie der Farbe Violett zu Ihrem Scheitelchakra, und verwenden Sie dabei die Affirmation:

„Der Geist begleitet mich als Inspiration."

Für den transparenten Stein, der sich im Zentrum des Mandala befindet, stellen Sie sich ein weißes Lichtbündel vor, das beim Ausatmen direkt in die gesamte Aura ausstrahlt und Sie wie eine Sonne erleuchtet. Wenn Sie hier eine Affirmation sprechen möchten, könnte sie lauten:

„Wir sind alle eins."

Diese Meditationsübung mit dem Stein-Mandala, deren Kraft sich mit zunehmender Praxis verstärkt, hat die sehr heilsame Wirkung, zu reinigen und mit positiver Energie zu erfüllen. Achten Sie jedoch darauf, daß Sie sich Farben von allergrößter Reinheit und Transparenz vorstellen. Vielleicht können Sie anfangs als Hilfsmittel dafür ein Prisma verwenden und beobachten, wie es das Licht zerlegt.

Wenn der Körper auf diese Weise in Licht und Farbe getaucht wird, werden alle Zellen mit Energie aufgeladen und regeneriert. Wenn Sie spüren, daß ein Organ oder Körperteil unter einer besonderen Schwäche leidet, können Sie die benötigte Schwingung mittels Gedankenkraft dorthin lenken.

Wenn Sie Schwierigkeiten dabei haben, sich zu konzentrieren oder eine bestimmte Farbe und Energie klar zu visualisieren, unterstützen Sie die Meditation am besten mittels kleiner Sätze, welche die einzelnen Übungsschritte beschreiben, wie zum Beispiel:

,,Nun senkt sich die rote Farbenergie zum unteren Ende meiner Wirbelsäule und strahlt dann in meinen ganzen Körper aus. Sie bringt den Zellen Lebenskraft und Liebe.''

Dies wirkt auslösend und unterstützend auf die Energiebewegung, da Worte einen starken Effekt auf den feinstofflichen Körper haben.

3. Meditatives Malen:
Mandalas und Farben

Das Malen mit Farben ist ein hervorragendes Mittel der Selbsterkenntnis, des Bewußtmachens und Heilwerdens. Ein berühmtes Beispiel für diese heilende Wirkung ist die heilige Hildegard von Bingen, deren Krankheitssymptome mit ihrer schöpferischen Arbeit des Schreibens und Illustrierens verschwanden.

Eine besondere Wirkung hat dabei das Erschaffen von Mandalas. Ein Mandala ist ein visuelles Hilfsmittel zur Erlangung bestimmter Bewußtseinszustände. Es aktiviert das dem inneren Selbst zugrundeliegende Muster von Ordnung und Ganzheit. Wir erschaffen damit unseren eigenen „heiligen" Raum, der sowohl einen Konzentrationspunkt für unsere Energie als auch einen Ort des geistigen Schutzes darstellt.

Die Idee des Mandala wurde von C. G. Jung in die westliche Psychologie eingeführt. Er hatte es auf seiner eigenen inneren Reise entdeckt. Er machte dabei die Beobachtung, daß die kreisförmigen Muster in seinen Zeichnungen sich seinem Geisteszustand entsprechend veränderten, das heißt, diesen in irgendeiner Weise widerspiegelten.

Für C. G. Jung ist das Mandala ein wichtiger Bestandteil des Individuationsprozesses. Es kann uns dabei helfen, Kräfte aus dem Unbewußten zu aktivieren, die eine neue Orientierung in der Außenwelt ermöglichen, da sie die innere Ordnung in uns stärken. Die spontane Arbeit mit Farbe und Form innerhalb eines Kreises trägt zu Selbstentdeckung, Heilung und persönlichem Wachstum bei. Durch die größere Einbeziehung des Unbewußten kann eine Haltung der Hingabe gegenüber dem Leben verstärkt werden. Besonders in Zeiten des Wandels und Übergangs ist diese Rückbeziehung (religio) auf die eigene Mitte von großer Wichtigkeit.

Der Kreis ist ein Symbol für unseren Planeten Erde und ebenso auch für die sichere Geborgenheit des Mutterschoßes. Wir ziehen damit symbolisch eine schützende Linie um den physischen und psychologischen Raum, mit dem wir uns identifizieren.

Mit der Gestaltung eines Mandala erschaffen wir ein Symbol für unsere Persönlichkeit, das enthüllt, wo wir uns in diesem Augenblick befinden. Der Kreis, den wir ziehen, kann auch widerstreitende Energien und Gegensätze einschließen. Gerade durch dieses Hervortreten und Akzeptieren von Konflikten kann Spannung aufgelöst und Ganzheit möglich werden.

Für die Symbolik der einzelnen Farben, die spontan in Mandala-Bildern auftauchen, gelten auch die jeweiligen Beschreibungen, die den Meditationen zur Heilung und Harmonisierung vorangestellt sind. Einige Deutungen seien in dem besonderen Zusammenhang mit dem Mandala noch angeführt:

Rot im Mandala ist ein Hinweis auf ein heilendes, lebensspendendes Potential, das tief aus der Psyche an die Oberfläche kommt. Es steht für das Feuer der emotionalen oder spirituellen Suche, die Kraft zum Überleben, den Willen zur Transformation. Der rote Feuerkranz um manche traditionellen Mandalas ist ein Symbol für das Verbrennen – und damit Transzendieren – von Ignoranz, irrigen Vorstellungen und falscher Selbsteinschätzung. Ein auffälliges Fehlen von Rot im Mandala kann dagegen ein Zeichen von Passivität oder mangelndem Durchsetzungsvermögen sein.

Orange ist eine abgemilderte Form der Ur-Energie Rot, das ,,Feuer in seinen Grenzen''. Es steht für ein starkes Gefühl von Identität und positiver Selbstbehauptung.

Gelb symbolisiert die Fähigkeit unseres Geistes, zu sehen, zu erkennen und zu verstehen. Im indianischen Medizinrad wird Gelb der Himmelsrichtung Osten zugeordnet und steht für das Licht der Erleuchtung. In der Symbolik des Mandala wird es mit dem aktiven Prinzip des Männlichen assoziiert und steht sinnbildlich für den Vater (beziehungsweise bei Frauen auch für den Animus). Sein spontanes Auftauchen ist ein Zeichen für die Entwicklung von Individualität und Autonomie und gilt als Hinweis auf einen neuen Lebensabschnitt voll freudiger Erwartung und Hoffnung. Ein auffälliges Vorkommen von Gelb im Mandala spricht für eine Polarisierung von Licht und Dunkel und könnte eine Verdrängung des ,,Schattens'' andeuten.

Grün steht für die Lebenskraft, zu erschaffen, zu heilen und sich selbst zu erneuern. Im Medizinrad ist es die Farbe des Südens und spiegelt die Weisheit wider, auch andere auf natürliche Weise zu akzeptieren, zu schützen und zu nähren. Aufgrund dieser Symbolik taucht es im Mandala oft bei Menschen mit helfenden und heilenden Berufen auf. Grün ist außerdem auch ein Sinnbild für Ganzheit, denn es ist die Vereinigung von Gelb und Blau und damit von Mutter und Vater.

Eine Variation zum Blau hin ist das Türkis, ein grünliches Himmelblau. Die Farbe ist nach dem gleichnamigen Edelstein benannt, der als Heil- und Schutzstein gilt. Aus der Verbindung der beiden Farben Grün und Blau entsteht die Verantwortung, Sorge für sich selbst zu übernehmen, sowie die tiefe Fähigkeit der Seele zur Selbstheilung. Türkis taucht daher sehr häufig in traditionellen Mandalas auf.

Blau als Sinnbild für die Unendlichkeit, für die Tiefe des Ozeans ebenso wie für die Höhe des Himmels, ist die wichtigste Farbe in der religiösen Symbolik und wird dem Wohnort der Götter zugeordnet. Im Christentum gilt es als die Farbe des Weiblichen und Abbild des Archetyps der Mutter. Entsprechend steht es im Mandala symbolisch für das Mütterliche als das Schützende und Nährende, für bedingungslose Liebe und Mitgefühl.

Bei dunkleren Blautönen kann es sich auch um das unpersönliche verschlingende Element des Mütterlichen handeln, wie das Blauschwarz der Göttin Kali anzeigt. Das damit assoziierte Ur-Chaos schließt Anfang und Ende des Bewußtseins in sich ein.

Indigo entspricht dem dunklen Nachthimmel und dem stürmisch bewegten Meer, Bilder für die Phasen von innerer Dunkelheit in uns. Im Mandala steht es für das Erwachen von Intuition und Weisheit, auch für das Sichöffnen für die Fähigkeit, über den Zyklus von Anfang und Ende, von Tod und Wiedergeburt hinaus einen Blick auf die zeitlose Realität hinter den sichtbaren Formen zu werfen.

Violett (und abgeschwächt auch die durch Weiß aufgehellte Nuance Lavendel- oder Fliederfarben) gilt als königliche Farbe, die das Männliche und Weibliche in sich verbindet und auch die mystische Vereinigung, die Verschmelzung von Subjekt und Objekt, sinnbildlich darstellt. In der spirituellen Symbolik des Mandala ist Violett Energie (Rot), die sich in Spiritualität (Blau) manifestiert. Wer Violett bevorzugt, möchte in sich selbst und mit der Welt eine „magische" Verbindung eingehen und von den Erscheinungen verzaubert werden. Bei einer Neigung zum Extrem kann dies jedoch eine überbetont individualistische, selbstzentrierte Haltung fördern, und die überstarke Vorstellungskraft kann den Bezug zur Realität gefährden.

Obwohl es sich im strengen Sinne dabei nicht um Farben (sondern bestenfalls um „unbunte Farben") handelt, sollen hier auch Schwarz und Weiß sowie Grau als ihre Mischung Berücksichtigung finden:

Schwarz, eigentlich das Fehlen von Farbe, wird assoziiert mit Dunkelheit, Geheimnis, Negativität und Tod, mit dem Mutterschoß und dem für alles offenen Raum der Leerheit. Es steht für das Dunkle, aus dem alles Leben, alles Bewußtsein hervorgeht und in dem es auch wieder endet: das lebendige Chaos jeden Anfangs, Symbol für das Unbewußte und auch den Bewußtseinsverlust (oder sogenannten „black-out").

Schwarz kann auch den ,,psychologischen Tod'' bedeuten oder, was schon im dunklen Blau mitschwingt, die dunkle Nacht der Seele, die der Gnade eines neuen Verstehens vorausgeht. Im alchimistischen Umwandlungsprozeß zeigt Schwarz, die Stufe von nigredo, die Phase einer tiefgreifenden Veränderung an, wo wichtige Entwicklungsschritte – unsichtbar – stattfinden.

In Mandala-Zeichnungen kann Schwarz ein Hinweis auf Gefühle von Depression, von Verlust oder Trauer sein. Ebenso mag es aber auch als ein Hinweis auf die Integration unserer ,,dunklen'' Seite, unseres Schattens, in unser Selbstverständnis dienen.

Als Gegenpol zu Schwarz ist Weiß ein Symbol für Licht, eine Metapher für das menschliche Bewußtsein, für Reinheit, für das Nicht-Materielle und für Spiritualität. Wenn in Mandala-Zeichnungen viel weiß gelassen wird, kann dies zweierlei signalisieren: einerseits geistige Klarheit und die Bereitschaft für Veränderung, das Offensein für transpersonale Dimensionen der Psyche; andererseits aber auch Energiemangel, Distanz zu den Wahrnehmungen und Bedürfnissen des Körpers, ein bedrohtes Selbstwertgefühl und Bereiche heftiger, aber versteckter Emotionen.

Grau als neutrale Farbe aus Schwarz und Weiß könnte als Gleichgewicht der Gegensätze gesehen werden. Wenn Farbe allgemein aber Ausdruck von Emotion ist, könnte Grau, sozusagen im Schwebezustand der Nicht-Farbe, auch als Ausdruck für einen Mangel an Gefühl gedeutet werden und möglicherweise ein Symptom für Depressionen sein.

Die mit den sieben Chakren korrespondierenden Farben entsprechen auch den sieben Farben des Regenbogens. Wenn sie spontan alle in einem Mandala auftauchen, wird dies als „Regenbogen-Erfahrung" bezeichnet. Der Regen als befruchtendes Element und der Bogen als Symbol der Verbindung stehen sinnbildlich für eine neue spirituelle Geburt unter magischen Umständen.

4. Das Mandala des Regenbogens

Diese abschließende Übung ist zu empfehlen, wenn Sie die wohltuenden Wirkungen des ganzen Regenbogenspektrums und nicht nur einer einzigen Farbe für sich nutzen möchten. Sie ist auch dann sehr gut geeignet, wenn Sie sich nicht von einer bestimmten Farbe im besonderen angezogen fühlen beziehungsweise nicht mit einem einzelnen hervorstechenden Symptom arbeiten möchten. Obwohl diese Meditation alle Farben durchläuft, ist sie mit verhältnismäßig geringem Zeitaufwand auszuführen.

Setzen Sie sich bequem hin, und achten Sie darauf, daß Ihr Rücken gerade ist. Schließen Sie die Augen. Atmen Sie dreimal sehr tief und bewußt ein und aus, und spüren Sie, wie Sie damit in einen Zustand der Ruhe und Entspannung gelangen.

Atmen Sie nun wieder tief ein, und visualisieren Sie dabei ein weißes Licht, das am Scheitelpunkt des Kopfes in Ihren Körper eintritt und Ihren Kopf, Ihren Nacken, Ihren Hals und Ihre Schultern ausfüllt. Spüren Sie beim Ausatmen, wie alle in diesem Bereich angesammelten Spannungen aus Ihrem Körper entfernt werden.

Atmen Sie nun wieder tief ein, und dieses Mal senkt sich das weiße Licht in Ihren Brustkorb und Ihren Bauch hinab; es strömt auch in Ihre Arme. Spüren Sie seine entspannende und reinigende Wirkung in diesen Bereichen Ihres Körpers. Wenn Sie ausatmen, verlassen alle hier angesammelten Spannungen Ihren Körper.

Dann atmen Sie nochmals tief ein und lassen das weiße Licht in Ihr Becken und in Ihre Beine strömen. Wiederum hat dies eine entspannende und reinigende Wirkung. Beim Ausatmen werden alle in diesen Bereichen festsitzenden Spannungen aus dem Körper gelenkt.

Aus dem Zustand der Ruhe heraus, in dem Sie sich nun befinden, können Sie jetzt die klaren Farben des Regenbogens visualisieren.

Beginnen Sie mit der Farbe Rot, und sagen Sie dabei zu sich selbst: ,,Durch die Farbe Rot erfülle ich alle meine Körperzellen mit Energie und Lebenskraft.'' Verbinden Sie sich mit der Farbe Rot.

Lassen Sie dann in Ihrem Geiste die Farbe Orange erscheinen, und sagen Sie zu sich selbst: ,,Durch die Farbe Orange kann ich meine Wünsche beherrschen und meine Emotionen lenken.'' Verbinden Sie sich mit der Farbe Orange.

Stellen Sie sich dann die Farbe Gelb vor, und sagen Sie zu sich selbst: ,,Durch die Farbe Gelb bin ich mir all meiner Gedanken bewußt und gebe ihnen eine heilsame Richtung.'' Verbinden Sie sich mit der Farbe Gelb.

Lassen Sie dann die Farbe Grün vor sich auftauchen, und sagen Sie zu sich selbst: ,,Durch die Farbe Grün durchdringen Ruhe und Frieden mein Wesen und teilen sich auch meiner Umgebung mit.'' Verbinden Sie sich mit der Farbe Grün.

Visualisieren Sie nun die Farbe Blau, und sagen Sie zu sich selbst: ,,Durch die Farbe Blau fühle ich mich von umfassender, tiefer Liebe erfüllt, und diese Liebe strahle ich unaufhörlich aus." Verbinden Sie sich mit der Farbe Blau.

Lassen Sie dann die Farbe Indigo vor sich erscheinen, und sagen Sie zu sich selbst: „Die Farbe Indigo gibt mir den tiefen Wunsch, mich selbst kennenzulernen und mit meinem innersten Wesen in Kontakt zu treten." Verbinden Sie sich mit der Farbe Indigo.

Visualisieren Sie dann die Farbe Violett, und sagen Sie zu sich selbst: „Die Farbe Violett ermöglicht es mir, Zugang zu den innersten Qualitäten meines Wesens zu finden und diese auch zum Ausdruck zu bringen." Verbinden Sie sich mit der Farbe Violett.

Lassen Sie zum Abschluß vor sich die Farbe Weiß erscheinen, in der alle Farben vereinigt sind. Sie ist das Symbol der vollkommenen Reinheit. Spüren Sie, wie Ihr ganzer Körper durch sie gereinigt wird und wie Ihre Aura dadurch in klareren Farben leuchtet.

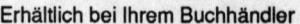

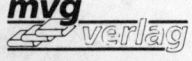